Hallo Leselauscher!

Diese Logos zeigen dir, dass dieses Buch besonders nachhaltig hergestellt wurde.

Durch das FSC®-Logo weißt du, dass nur so viel Wald abgeholzt wurde, wie für das Papier gebraucht wurde.

Das zweite Logo bedeutet, dass bei der Herstellung des Buches möglichst wenig CO_2, also Kohlenstoffdioxid, ausgestoßen wurde. Zu viel von diesem Gas schadet nämlich unserer Umwelt. Und für das Gas, was doch ausgestoßen wurde, wurde ein Ausgleich geschaffen. So ein Ausgleich kann zum Beispiel sein, dass man Bäume pflanzt. Diese nehmen das CO_2 auf und machen daraus Sauerstoff. Toll, oder?

Ute Gremmel-Geuchen

Klassische Musik

grafisches Gesamtkonzept:
Robin Fleischer

Leselauscher -
Buch geschnappt und aufgeklappt!
Leselauscher -
ausprobiert und mitgemacht!

Leselauscher -
Ohren auf und Hörbuch an!
Leselauscher -
jetzt bist du mal dran!

Lesen ist wie fliegen,
sich im Sturm zu wiegen,
Drachen zu besiegen
und in der Sonne liegen.

Hören ist wie gleiten,
auf hohen Wellen reiten,
reisen durch die Zeiten
und über Berge schreiten.

Dieses Buch gehört: ______________________

Hallo Leselauscher!

Dieses Buch kannst du nicht nur lesen. Du kannst es auch hören!

Am besten hörst du erst einmal in die CD hinein und schaust dir dazu die Bilder an. Das Symbol oben auf der Seite zeigt dir die passende Tracknummer auf der CD an: 

Wenn du dann die Texte selbst liest, kann dir die CD dabei helfen, die Texte besser zu verstehen. Je öfter du liest und hörst, desto besser klappt das Lesen. Infos kannst du dir dann auch besser merken. Denn Leselauscher wissen mehr!

Viel Spaß beim Lesen, Hören, Entdecken und Mitmachen!

Das musst du wissen

Diese Infos helfen dir, den Text besser zu verstehen.

Erfahre mehr

Hier gibt es zusätzliche Infos.

Wer war's?

Hier werden wichtige Personen vorgestellt.

Probier's doch mal

Hier findest du Anleitungen zum Mitmachen, Basteln, Nähen, Ausprobieren …

Copyrightangaben der Musikstücke:

1 – C. Monteverdi / G. Chiabrera: Damigella tutta bella
Concerto delle Dame di Ferrara, Sergio Vartolo – Dirigent
2 – M. A. Charpentier: Te Deum, H. 146
Aradia Ensemble, Kevin Mallon – Dirigent
3 – J. S. Bach: The Well-Tempered Clavier, Book I: 24 Preludes and Fugues:
Prelude No. 1 in C Major, BWV 846
Luc Beauséjour – Cembalo
4 – J. S. Bach: Brandenburgisches Konzert Nr. 5 D-Dur BWV 1050: I. Allegro
Onix Chamber Orchestra
5 – C. Stamitz: Klarinettenkonzert Nr. 8 in B-Dur: I. Allegro
Kálmán Berkes – Klarinette, Nicolaus Esterházy Sinfonia
6 – F. J. Haydn: Streichquartett Nr. 62 C-Dur op. 76 Nr. 3 Hob.III:77 "Kaiser": I. Allegro
Kodály Quartet
7 – W. A. Mozart: Konzert für Klavier Nr. 16 D-Dur KV 451: III. Allegro di molto
Jenő Jandó – Klavier, Concentus Hungaricus, Mátyás Antal – Dirigent
8 – L. v. Beethoven / F. v. Schiller: Sinfonie Nr. 9 d-Moll op. 125: IV. Finale: Presto – Allegro assai
Annette Dasch – Sopran, Daniela Sindram – Alt, Christian Elsner – Tenor,
Georg Zeppenfeld – Bass, Chor des Bayerischen Rundfunks, Rundfunk-Sinfonieorchester
Saarbrücken, Stanisław Skrowaczewski – Dirigent
9 – R. Schumann: Sinfonie Nr. 3 Es-Dur op. 97 "Rheinische": I. Lebhaft
Deutsche Radio Philharmonie, Stanisław Skrowaczewski – Dirigent
10 – F. Schubert / C. F. D. Schubart: Die Forelle op. 32 D. 550d
Olle Persson – Bariton, Mats Jansson - Klavier
11 – I. Strawinsky: Le sacre du printemps (Das Frühlingsopfer): Part I: Adoration of the Earth:
Introduction; Seattle Symphony Orchestra, Gerard Schwarz – Dirigent

1 – 11: Mit freundlicher Genehmigung von NAXOS Deutschland – ***www.naxos.de***

12 – Thomas Blomenkamp: Drei Fragmente für Bläserquintett:
Sempre piano e leggiero; Neos-Music, 2012

13 – Clara Schumann, Präludium B-Dur op. 16 Nr. 2, Transkription für Orgel
von Joachim Dorfmüller; Ute Gremmel-Geuchen an der Klais-Orgel in
Kempen-St. Hubert, Aufnahme Verschueren Orgelbouw 2020

Bibliografische Information der Deutschen Bibliothek
Die Deutsche Bibliothek verzeichnet diese Publikation in der Deutschen Nationalbibliografie; detaillierte bibliografische Daten sind im Internet über www.dnb.de abrufbar.

www.buchverlagkempen.de

2. Auflage, Kempen 2021

Best.-Nr.: SB43, ISBN 978-3-86740-944-5

Nach der neuen deutschen Rechtschreibung

Autorin: Ute Gremmel-Geuchen, Kempen
Hrsg.: Hans-Jürgen van der Gieth, Kempen / Sandy Willems-van der Gieth, BVK
Lektorat: BVK
Umschlaggestaltung: Robin Fleischer, BVK
Layout und Gestaltung: Robin Fleischer, BVK
Druck / Bindung: Jettenberger Internationale Druckagentur, D-Königsbrunn
Printed in Europe

Bildnachweise:
© stock.adobe.com; © Shutterstock.com; © Kurt Lübke (S. 4: Autorenfoto); © Thomas Bujack (S. 3, 41: Komponistenfoto)

CD (Spieldauer: ca. 78 Min.):
Sprecher(in): Patrick van der Gieth, Kempen / Kirstin Hesse, Köln
Leselauscher-Song: Janina Haselbach, BVK / Sandy Willems-van der Gieth, BVK (Text); Patrick van der Gieth, Kempen (Musik); Patrick van der Gieth, Kempen / Kirstin Hesse, Köln (Gesang)
Produziert von: INSIDE*audio,* Kempen

Inhaltsverzeichnis

Vorstellung der Autorin

Lieber Leselauscher,
damit du weißt, wer dieses Buch für dich geschrieben hat, stelle ich mich kurz vor:
Ich wurde vor ziemlich langer Zeit, genauer gesagt 1964, in Düsseldorf am Rhein geboren. Damals hieß ich Ute Gremmel. Als ich 23 Jahre alt war, heiratete ich meinen Mann und nahm seinen Nachnamen noch dazu. Seitdem heiße ich Ute Gremmel-Geuchen. Mein Mann und ich haben sieben Kinder, die alle gerne Musik hören oder sogar selber Musik machen. Bei mir war es ganz ähnlich. Als ich noch zur Schule ging, habe ich vor allem mit meinem Vater sehr viele Konzerte in Düsseldorf gehört und außerdem begonnen, selber Klavier und Orgel zu spielen. Mit fünfzehn hatte ich meine erste Stelle als Organistin und Chorleiterin an einer Kirche in Büderich bei Düsseldorf. Nach dem Abitur habe ich in Köln, Amsterdam und Stuttgart Musik studiert. Am liebsten spiele ich Orgel. Darum bin ich froh, dass ich nun schon seit fast zwanzig Jahren Organistin an einer ganz alten, sehr guten Orgel in Kempen (das ist nicht so weit von Düsseldorf entfernt) bin, an der König-Orgel der Paterskirche. Sie wurde vor fast 300 Jahren von Ludwig König gebaut, deswegen wird sie König-Orgel genannt. An dieser und zahlreichen anderen Orgeln spiele ich viele Konzerte, besonders gerne auch Konzerte für junge Leute.
Ohne Musik könnte ich mir das Leben gar nicht vorstellen.
Deswegen habe ich nun auch dieses Buch über Musik geschrieben. Darin kannst du viel über Musik erfahren und natürlich auf der beiliegenden CD jede Menge Musik hören. Viel Spaß!

Ute Gremmel-Geuchen

Das bin ich!

Hallo, ich bin Lisa und wohne mit meinen Eltern und meinem Bruder Max in Köln. Beide gehen wir in die dritte Klasse. Vorgestern hatten wir Geburtstag. Wir haben tatsächlich am selben Tag Geburtstag, wir sind nämlich Zwillinge. So wie an jedem Geburtstag gab es tolle Geschenke. Meine Eltern haben mir ein neues Fahrrad geschenkt, weil mein altes zu klein für mich war. Jetzt kann ich allen davonflitzen, vor allem Max. Nur bei dem Geschenk von Opa weiß ich noch nicht, was ich davon halten soll. Er hat uns Karten für ein Konzert in der Kölner Philharmonie geschenkt. Das ist ein großer Konzertsaal gleich neben dem berühmten Kölner Dom. Meine Freundin Sara hat mir erzählt, sie hätte dort schon mal ein Konzert erlebt und es sei total langweilig gewesen. Ich weiß auch nicht, wie Opa auf solch ein Geschenk kommen konnte. Sonst hat er uns in den Kölner Zoo eingeladen und einmal auch ins Fußballstadion zum 1. FC Köln. Obwohl ich mich nicht so sehr für Fußball interessiere, war es ein tolles Erlebnis. Aber in die Philharmonie? Klassische Musik? Ich höre meistens Hip-Hop und Max ist schon ein richtiger Rockfan. Und jetzt Klassik? Meine Eltern meinen: „Wenn man etwas nicht kennt, kann man es auch nicht beurteilen." Da haben sie ja auch irgendwie recht. So, jetzt gehe ich erst einmal ins Konzert.

Und mit diesem Buch nehme ich dich mit auf eine tolle Reise durch die Welt der klassischen Musik. Komm mit und lass dich überraschen, was du alles erfährst! Natürlich spielt der Besuch in der Philharmonie mit Opa und Max eine große Rolle. Los geht's!

Klassische Musik

Heute ist es so weit. Zum ersten Mal gehe ich in ein Konzert, in dem klassische Musik gespielt wird. Ich habe ein Kleid angezogen, aber nicht nur, weil ich mich gerne schick mache. Auch, weil die meisten Konzertbesucher sich ein bisschen feiner anziehen. Max hatte keine Lust dazu. Mama meinte: „Heutzutage ist es jedem selbst überlassen, welche Kleidung man in einem Konzert trägt." Max bleibt in Jeans und Pulli. Als Opa uns abholt, sehe ich, dass er einen Anzug und eine Krawatte trägt. Wir fahren einige Stationen mit der U-Bahn und steigen am Kölner Dom aus. Viele Menschen gehen gemeinsam mit uns in Richtung Philharmonie. Ob sich tatsächlich so viele das Konzert anhören wollen?

Mit klassischer Musik ist im Allgemeinen die Musik gemeint, die nicht zur Popmusik gezählt wird. Etwas genauer beschrieben handelt es sich um Kunstmusik, im Gegensatz zur Volksmusik. Die Kunstmusik ist in der Zeit vom Mittelalter bis zum Beginn des 20. Jahrhunderts in Europa entstanden. Manchmal wird diese Musik auch *ernste Musik* genannt. Das ist aber nicht sinnvoll, denn klassische Musik kann ganz viele Gefühle ausdrücken. Sie kann ernst, aber auch lustig, traurig, fröhlich, verträumt und zart oder festlich und kraftvoll sein. Sie kann wie jede gute Musik all unsere Empfindungen wiedergeben und uns dadurch sehr berühren.

Zeitstrahl der Musik-Epochen

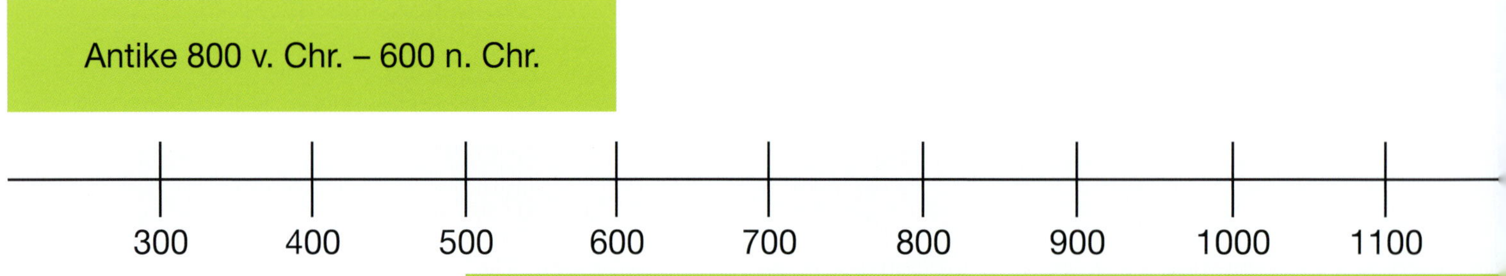

Kölner Philharmonie

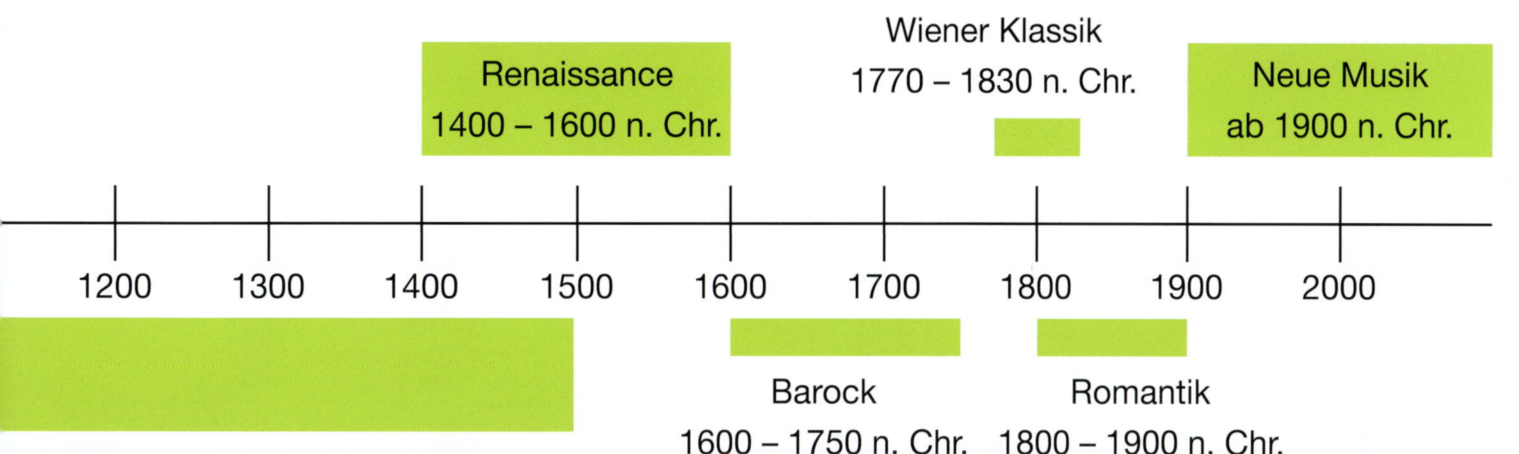

Musik der Antike

Ich möchte wissen, warum Opa uns ausgerechnet diese Konzertkarten geschenkt hat. Er erklärt mir, was ihn an klassischer Musik so sehr fasziniert. Dabei erzählt er mir auch davon, wie sich die Musik in vielen Jahrhunderten entwickelt hat. Ich hätte nicht gedacht, dass das so spannend ist.

Musik gab und gibt es in allen Kulturen, überall auf der Welt. Dabei hatten die Menschen früher natürlich noch nicht solche Instrumente, wie wir sie heute kennen. Erste Beschreibungen von Musikinstrumenten gibt es aus der Zeit der Antike. Auf alten Vasen zum Beispiel hat man Darstellungen von Musikern und ihren Instrumenten gefunden. Die häufigsten Instrumente waren Leiern wie Lyra und Kithara. Es gab auch schon Blasinstrumente wie die Panflöte.

Das musst du wissen

Musik der Antike
Wir wissen, dass in Europa schon vor 2 000 Jahren Musik gemacht wurde. Das war in einem Zeitraum, der als Antike bezeichnet wird. Aber auch in anderen Teilen der Erde, zum Beispiel in Indien, China, Ägypten oder Vorderasien, entwickelte sich eine eigene Musik.

Erfahre mehr

Antike
Das Wort Antike kommt von dem lateinischen Wort *antiquus = alt.* Die Zeit der Antike reicht von ca. 800 v. Chr. bis 600 n. Chr. In dieser Zeit wurden der Mittelmeerraum und später weite Teile Europas zunächst von den Griechen und dann von den Römern beherrscht.

Hinweis:
Die Zeitangabe v. Chr. bedeutet vor Christi Geburt; n. Chr. bedeutet nach Christi Geburt.

Lyra

Musik aus dem Mittelalter

Gregor I.

Aus der Zeit des Mittelalters sind uns durch alte Handschriften kirchliche und weltliche Gesänge überliefert. Musik wurde in den Klöstern, aber auch in den Städten und bei Hofe auf den Ritterburgen aufgeführt. In den Klöstern sangen die Mönche zu den verschiedenen Gebetszeiten meist einstimmig. Es entstanden die sogenannten **gregorianischen Gesänge.** Diese Melodien sind benannt nach **Papst Gregor I.,** der um 600 n. Chr. das Oberhaupt der christlichen Kirche war. In den Städten und besonders auf den Ritterburgen wurde weltliche Musik aufgeführt. Es wurde gesungen, aber auch mit Instrumenten gespielt, wie zum Beispiel mit Flöten, Harfen oder Drehleiern.

Laute

Schlüsselfidel

Erfahre mehr

Mittelalter
Mit dem Mittelalter ist eine Epoche gemeint, also ein Zeitabschnitt. Das Mittelalter dauerte ungefähr **vom 6. bis zum 15. Jahrhundert.** Es liegt zwischen der Zeit der Antike und der Neuzeit, sozusagen „in der Mitte“. Deshalb nennt man es Mittelalter. Der Kölner Dom ist im Mittelalter erbaut worden. Es ist bewundernswert, wie die Menschen ohne unsere heutige Technik solch ein großes Bauwerk schaffen konnten. Vollendet wurde der Dom allerdings erst im 19. Jahrhundert.

Trommel

Besonders berühmt waren Minnesänger, die bei höfischen Festen auftraten. Sie waren meist adelig und schrieben sowohl die Melodien als auch die Texte ihrer Lieder. Sie werden Minnesänger genannt, weil ihre Lieder häufig von der Liebe handelten und *Minne* ist das mittelhochdeutsche Wort für *Liebe.*

Sehr wichtig für die Weiterentwicklung der Musik war die Erfindung der modernen Notenschrift. Der Benediktinermönch Guido von Arezzo in Italien hatte um 1025 die Idee, Noten auf Linien anzuordnen. So konnte die Tonhöhe endlich genau festgelegt werden.

Probier's doch mal

Dies ist ein Gedicht von Walther von der Vogelweide. Es ist in altem Deutsch, in Mittelhochdeutsch, verfasst. Versuch mal, es zu übersetzen:

Dû bist mîn, ich bin dîn:
des solt dû gewis sîn;
dû bist beslozzen in mînem herzen,
verlorn ist daz slüzzelîn:
dû muost immer drinne sîn.

Die Übersetzung findest du auf Seite 48!

Das musst du wissen

Minnesänger
Einer der bekanntesten Minnesänger war **Walther von der Vogelweide.** Er lebte ungefähr von 1170 bis 1230. Er hat sehr viele Lieder gedichtet und komponiert und war in seiner Zeit so berühmt wie heutzutage ein Popstar.

Mehrstimmige Musik

Die Musik entwickelte sich von der Einstimmigkeit immer weiter hin zu einer kunstvollen Mehrstimmigkeit. Das bedeutete, dass mehrere Sänger oder Instrumentalisten gleichzeitig verschiedene Stimmen spielten, die aber gut zueinander passten.

In der Zeit der **Renaissance** entstanden nach bestimmten Regeln wunderbare Werke für Chor und Instrumente.
Vor allem stammten diese Werke von italienischen Komponisten, wie zum Beispiel **Andrea Gabrieli.**

Erfahre mehr

Renaissance
Renaissance ist ein französisches Wort. Übersetzt heißt es „Wiedergeburt“. In der Zeit der Renaissance, also ungefähr in der Zeit des 15. und 16. Jahrhunderts, erinnerte man sich der Zeit vor dem Mittelalter, der Antike. Man baute zum Beispiel Kirchen, die antiken Tempeln ähnelten. So wurde die Antike „wiedergeboren“.

Wer war's?

Andrea Gabrieli wurde ungefähr 1532 in Venedig geboren. Ganz genau kennt man sein Geburtsdatum nicht. Andrea ist übrigens kein Mädchenname, sondern die italienische Form von Andreas. Andrea Gabrieli war ab 1566 Erster Organist am Markusdom in Venedig. Diese Stelle hatte in Italien einen sehr guten Ruf. Gabrieli hat sehr viele Musikstücke komponiert. Besonders bekannt sind seine Werke für mehrere Chöre oder Instrumentalgruppen.
Er starb 1585 in Venedig.

Musiker aus der Renaissance

Musik der Renaissance

Im Markusdom in Venedig konnten sich die Musiker an verschiedenen Stellen in der Kirche und auf den **Emporen** aufstellen. Wenn dann alle gleichzeitig mehrstimmig sangen und spielten, klang das überaus prächtig. Natürlich gibt es aus der Zeit keine Tonaufnahmen. Doch heute noch wird diese Musik aufgeführt. So weiß man, wie toll diese Musik damals klang.

Mehrstimmige Musik wurde auch auf Orgeln gespielt. Immer größere und wunderbar verzierte Instrumente erklangen nun in den Kirchen.

Markusdom, Venedig, Italien

Das musst du wissen

Empore
Eine Empore ist ein Obergeschoss in einem großen Raum, wie zum Beispiel in einer großen Kirche. Sie ist zum Raum hin offen.

Lucca, Italien

Frauenkirche, Dresden, Deutschland

Es wurden viele Musikinstrumente gebaut, die zum Teil einen ungewöhnlichen Namen hatten. So gab es zum Beispiel die Holzblasinstrumente Schalmei, Pommer, Rauschpfeife oder das Krummhorn. Auch die Blockflöte ist ein altes Blasinstrument.

In einigen Museen kann man solche alten Instrumente noch anschauen. Manche Musiker haben sie sich nachbauen lassen. Sie haben geübt, darauf perfekt zu spielen. Nun können sie die Musik so aufführen wie vor 500 Jahren.

Blockflöte

Krummhorn

Kopfstück einer Renaissanceflöte

Eine neue Musik entsteht

Um das Jahr 1600, also vor etwa 400 Jahren, entstand wieder durch einen italienischen Musiker etwas Neues in der Musik: **Claudio Monteverdi.** Er war in Mantua und anschließend auch am Markusdom in Venedig tätig.
Monteverdi komponierte nicht mehr nur mehrstimmig. Er erfand Melodien, die durch bestimmte Klänge, sogenannte Akkorde, begleitet wurden. So konnte nun zum Beispiel ein Geiger eine eigene Stimme spielen und wurde von einem anderen Musiker begleitet. Für die Begleitung konnte eine Orgel verwendet werden oder aber ein Cembalo, ein altes Tasteninstrument. Auch eine Laute, das ist ein Zupfinstrument, konnte benutzt werden. Sie sieht so ähnlich aus wie eine Gitarre.
Die neue Kompositionsweise nennt man *Generalbass.* Hiermit beginnt die musikalische Epoche des Barock.
Sie endet ungefähr im Jahr 1750.

Wer war's?

Claudio Monteverdi lebte von 1567 bis 1643 in Italien. Er war nicht nur Musiker, sondern auch Priester. Er war 22 Jahre lang am Hof von Mantua angestellt. 1607 komponierte er dort die Oper L'Orfeo. Manche meinen, dies wäre die erste Oper in der Musikgeschichte. In einer Oper gibt es Musik für Sänger und Orchester, bei der auch Theater gespielt wird. Von 1613 bis zu seinem Tod 1643 wirkte er am Markusdom in Venedig.

Das musst du wissen

Akkord
Bei einem Akkord erklingen gleichzeitig unterschiedliche Töne, die nach bestimmten Regeln zueinanderpassen.

In Europa kann man heute noch viele **Barockschlösser** besichtigen. In den prunkvollen Gebäuden lebten und regierten früher Adelige wie Könige, Grafen und Herzöge. Sie wollten natürlich auch großartige Musik hören und hatten neben anderen Angestellten sehr viele Musiker an ihrem Hof verpflichtet. Besonders berühmt ist der sogenannte Sonnenkönig **Ludwig XIV.** (sprich: Ludwig der Vierzehnte). Er regierte in Frankreich und wohnte in einem riesigen Schloss in Versailles bei Paris. Sein bedeutendster Hofmusiker war **Jean-Baptiste Lully.**

Wer war's?

Ludwig XIV.
Ludwig XIV. wurde 1638 geboren und starb 1715. Er war von 1643 bis 1715 König. Man nannte ihn den *Sonnenkönig.* Er regierte **absolutistisch,** das bedeutet, dass nur er bestimmen durfte und alle ihm untertan waren. Ludwig XIV. führte mehrere Kriege, förderte aber auch die Wissenschaft und die Künste. Er ließ das berühmte **Schloss Versailles bei Paris** bauen, um dort in großem Prunk zu leben. Das Schloss mit seiner riesigen Parkanlage kann man auch heute noch besichtigen.

Wer war's?

Jean-Baptiste Lully
Ein wichtiger Musiker am Hofe Ludwig XIV. war Jean-Baptiste Lully. Er wurde 1632 in Florenz geboren, kam schon bald nach Frankreich und war ab 1653 am Hofe Ludwig XIV. angestellt. Lully war nicht nur Musiker, sondern auch Tänzer. Er tanzte oft gemeinsam mit dem König. Um den Orchestermusikern den Takt anzugeben, benutzte Lully einen großen Taktstock, mit dem er auf den Boden schlug. Da passierte es, dass er sich mit dem Taktstock auf seinen großen Zeh schlug. Es entstand eine Wunde, die sich entzündete. Lully wollte sich den Zeh nicht amputieren, also abnehmen, lassen. Deshalb verstarb er wenige Monate später 1687 in Paris am sogenannten Wundbrand.

Schloss Versailles, Frankreich

Musik des Barock

Die Musik der Zeit des Barock ist ebenso prachtvoll und reich verziert wie die Schlösser, in denen sie aufgeführt wurde. Neben der höfischen Musik, Opern und Instrumentalkonzerten entstand auch bedeutende Kirchenmusik. Dies waren zum Beispiel **Oratorien** für Chor, Orchester und Solisten. Oft werden in diesen Oratorien Texte aus der Bibel vertont, die von Jesus Christus erzählen. Ein besonders berühmter Musiker aus der Barockzeit ist **Johann Sebastian Bach.**

Dieses Glasfenster in der Thomaskirche zu Leipzig zeigt Johann Sebastian Bach.

Wer war's?

Johann Sebastian Bach wurde 1685 in Eisenach geboren und starb 1750 in Leipzig. Er war Organist, Kapellmeister und schließlich viele Jahre lang Kantor an der **Thomaskirche zu Leipzig.** Seine Werke wurden zum Vorbild für viele andere Musiker und werden auch heute immer wieder aufgeführt. Bach hatte 20 Kinder. Das können wir uns heute gar nicht mehr vorstellen, aber vor 300 Jahren waren die Familien häufig größer. Einige seiner Söhne wurden auch berühmte Musiker.

Thomaskirche zu Leipzig

Johann Sebastian Bach konnte wunderbar Orgel und Geige spielen. Außerdem komponierte er sehr viel. Im sogenannten Bach-Werke-Verzeichnis stehen über tausend Werke.

Manche Musiker reisten für lange Zeit in fremde Länder, um andere Musikstile kennenzulernen. Bach hat Deutschland nie verlassen. Trotzdem hat auch er von anderen Stilen erfahren. Denn viele Werke wurden abgeschrieben und von Adeligen an ihre Höfe mitgebracht. Sie beauftragten anschließend ihre Musiker in Deutschland, zum Beispiel im französischen oder italienischen Stil zu komponieren.

So wurden die verschiedenen Stile gemischt und die Musik entwickelte sich weiter.

Erfahre mehr

Kantor

Ein Kantor ist ein Vorsänger oder Chorleiter im Gottesdienst. Er ist für die Kirchenmusik einer Gemeinde verantwortlich. Auch spielt er häufig die Orgel bei Gottesdiensten.

Viele Kantoren waren oder sind auch bekannte Komponisten.

Einer der bekanntesten Kantoren war Johann Sebastian Bach.

Bach,
Wohltemperiertes Klavier I, Nr. 1
Praeludium C-Dur, BWV 846

Charpentier,
Te Deum: Prélude

Erfahre mehr

Eurovisionshymne

Im Fernsehen ist oft ein Werk aus der Barockzeit zu hören, nämlich die sogenannte Eurovisionshymne. Sie stammt von einem Musiker, der am Hofe Ludwigs des XIV. wirkte, Marc-Antoine Charpentier (1643 – 1704). Diese Musik ist Teil des *Te Deum,* einer festlichen Kirchenmusik, die Charpentier für die Kapelle des Königs geschrieben hatte.

Noten aus *Das wohltemperierte Klavier* von Johann Sebastian Bach

Im Konzert

So, nach diesem Ausflug in die Musikgeschichte erzähle ich euch erst einmal, wie das Konzert gelaufen ist. Ihr erinnert euch. Opa hatte Max und mich in die Kölner Philharmonie eingeladen. Los geht's!
Max ist begeistert von dem riesigen Saal und davon, dass so viele Menschen sich das Konzert anhören wollen. 2 000 Besucher fasst die Kölner Philharmonie. Sie sieht ein bisschen aus wie ein Amphitheater. Die Bühne ist unten und die Zuschauer sitzen in einem Oval auf Plätzen, die steil nach oben ansteigen. So kann man die Musiker gut sehen und hören. Wir sitzen ziemlich weit oben und können tatsächlich prima auf die Bühne schauen. Die Musiker sind noch nicht zu sehen, aber einige Instrumente stehen schon bereit. Opa meint, dass größere, schwere Instrumente vorher schon auf die Bühne gebracht werden. So sehen wir dort einen Kontrabass stehen. Das ist das größte Streichinstrument mit dem tiefsten Ton. Es ist auch ein Instrument zu entdecken, das wie ein kleiner Flügel aussieht. Allerdings ist es nicht schwarz lackiert, sondern dunkelrot und mit Gold verziert. Zum Glück weiß Opa, welches Instrument das ist. Es ist ein Cembalo, ein Tasteninstrument aus der Zeit des Barock. Ein Cembalo klingt nicht so laut wie ein Flügel, denn die Saiten werden nicht mit einem Hammer angeschlagen wie beim Klavier oder Flügel, sondern mit einem Federkiel angezupft.
Da bin ich mal gespannt, wie das klingen wird.
Auf einmal wird es dunkler im Saal. Nur die Bühne bleibt hell erleuchtet. Die Konzertbesucher beginnen zu klatschen. Ah, die Musiker kommen und wir begrüßen sie mit unserem Applaus.
Max und ich klatschen um die Wette.

Ein Symphonie-Orchester setzt sich aus verschiedenen Instrumentengruppen zusammen: Es gibt die Streichinstrumente, nämlich die erste und zweite Geige, Bratschen, Violoncelli und Kontrabässe. Zu den Holzblasinstrumenten gehören Querflöten, Oboen, Klarinetten und Fagotte. Die Blechblasinstrumente sind Trompeten, Hörner und Posaunen. Manchmal gibt es auch noch eine tiefe Tuba. Außerdem gehört noch das Schlagzeug mit Pauken, Becken und vielen anderen Schlaginstrumenten dazu. Ein Symphonie-Orchester spielt nicht immer in der gleichen Besetzung. Der Komponist gibt an, für welche Besetzung sein Werk geschrieben ist. In der sogenannten **Partitur** stehen zu Beginn die Instrumentengruppen. Sie zeigt auch die Noten, mit denen der Komponist alle Stimmen niedergeschrieben hat. Und dann gibt es natürlich noch den Dirigenten oder die Dirigentin. Er oder sie lenkt das Orchester.

Aufstellung eines Orchesters

klassische Orchester-Instrumente

Das Brandenburgische Konzert Nr. 5

Nun sitzen alle Musiker auf ihren Plätzen und es geht immer noch nicht los. Warum wird jetzt wieder geklatscht? Ach so, da kommt noch der Dirigent. Er verbeugt sich, dreht sich um und sieht die Musiker an. Es wird ganz still im Saal. Unglaublich! 2 000 Menschen sind hier und es ist mucksmäuschenstill. Der Dirigent hebt den Taktstock und … endlich geht's los.

Als Erstes hören wir ein Brandenburgisches Konzert von Johann Sebastian Bach. Bach hat dieses Werk einem Grafen gewidmet, dem Markgrafen von Brandenburg. Insgesamt hat er für den Grafen sechs Konzerte geschrieben. Wir hören das fünfte. Das Brandenburgische Konzert hat drei Teile, man nennt diese Teile Sätze. Der erste Satz ist schnell, der mittlere langsam, der letzte wieder schnell. Und wie! Besonders der Musiker am Cembalo spielt superflink. Seine Finger fliegen nur so über die Tasten. Nach dem letzten Satz bricht das Publikum in großen Jubel aus. Alle applaudieren. Auch Opa, Max und ich klatschen wie verrückt.

Ehrlich, das erste Stück von Bach war krass. Mal spielte das ganze Orchester, mal nur das Cembalo oder eine Geige und eine Querflöte. Mal spielten alle ganz leise und getragen, dann wieder laut und sehr schnell. Es war immer wieder anders und wurde kein bisschen langweilig. Während wir klatschen, verbeugt sich der Dirigent. Auch die Solisten, ein Geiger und eine Flötistin, verbeugen sich. Als der Cembalist nach vorne tritt, klatschen alle am lautesten. Er war wirklich toll!

Das musst du wissen

Orchester und Solist
Bei einem Musikstück, das *Konzert* heißt, spielt zum einen das Orchester, zum anderen ein Solist. Manchmal gibt es auch Konzerte für mehrere Solisten und Orchester. Das Orchester begleitet den Solisten. Der Solist zeigt auf seinem Instrument sein ganzes Können. Es ist erstaunlich, dass der Klang eines einzelnen Soloinstruments aus dem Orchesterklang herausragt.

Erfahre mehr

Ein besonderes Konzert
Das **Brandenburgische Konzert Nr. 5** von Johann Sebastian Bach wird manchmal auch als das erste Klavierkonzert der Musikgeschichte bezeichnet. Eigentlich spielen auch Geige und Querflöte solistische Stimmen, aber die Stimme des Cembalos ist so virtuos und außergewöhnlich, dass das Tasteninstrument besonders auffällt.

Instrumente und Orchestergrößen verändern sich

Natürlich haben sich die Instrumente im Laufe der Zeit verändert. Eine Oboe zum Beispiel sah vor ein paar hundert Jahren anders aus als heute.
Die Bauweise der Instrumente und auch die Orchestergröße sind in den verschiedenen Musikepochen sehr unterschiedlich. In der Barockzeit hatten die Streichinstrumente Darmsaiten statt Stahlsaiten wie heute. Die Holzblasinstrumente waren anders geformt, aus anderem Holz gebaut und hatten kaum Klappen zum Abdecken der Grifflöcher. Die Blechblasinstrumente hatten keine Ventile. Insgesamt waren die barocken Orchester auch nicht so groß wie ein modernes Symphonie-Orchester. Manche Musiker haben sich darauf spezialisiert, auf diesen alten Instrumenten zu spielen. Es ist spannend, die Musik so zu hören, wie sie wohl früher geklungen hat.

Nr. 15 Bach, *Brandenburgisches Konzert Nr. 5, 1. Satz, BWV 1050*

Barackoboe

Neue Stile, Melodien und Instrumente

Gerade wird die Bühne umgebaut: Zwei Bühnenarbeiter tragen das Cembalo weg. Komisch, das sieht ganz leicht aus. Ist das Cembalo denn nicht schwer?
Und was passiert jetzt? Der Fußboden öffnet sich an einer Stelle. Ein Stück des Bodens fährt erst hinab, dann wieder herauf und ... darauf steht ein großer Konzertflügel. Das ist ja mal ein praktischer Aufzug!
Max ist aufgestanden, um diesen Mechanismus besser sehen zu können.
Außer dem Flügel stehen nun auch noch Pauken auf der Bühne.
Jetzt kommen die Musiker wieder. Es sind aber viel mehr als bei dem ersten Stück.
Wir begrüßen sie wieder mit unserem Applaus. Nach einer kurzen Stille kommen der Dirigent und der Solist, der auf dem Flügel spielen wird.
Wir klatschen noch einmal. Dann wird es wieder ganz still, bis die Musik beginnt.

Johann Sebastian Bach war einer der bedeutendsten Musiker aus der Zeit des Barock. Wie du schon weißt, hatte er 20 Kinder. Einige seiner Söhne wurden auch berühmte Musiker, aber sie wollten sich in ihrer Art zu komponieren natürlich von ihrem Vater unterscheiden.
Sie und andere Musiker ihrer Generation entwickelten den sogenannten **galanten oder empfindsamen Stil.**

Das musst du wissen

Das Wort *galant* bedeutet so viel wie höflich, zuvorkommend, liebenswürdig. In der Musik beschreibt man damit Werke, die im späteren 18. Jahrhundert entstanden. Im Gegensatz zur strengeren Barockmusik wirken sie einfacher und leichter. Sie sind nicht nach so strengen Regeln geschrieben worden.

Die Musiker erfanden andersartige Melodien und auch die Begleitung veränderte sich. Sie wollten noch deutlicher ihre Gefühle zum Ausdruck bringen. In ihrer Musik wechseln die Stimmungen sehr schnell und manchmal auch sehr plötzlich.

Das musst du wissen

Ein Cembalo ist komplett aus Holz gebaut. Der Resonanzboden, über den die Saiten gespannt sind, ist aus leichtem Zedernholz. Daher wiegt auch ein großes Cembalo nur ungefähr 70 kg und lässt sich von zwei Personen gut tragen.
Ein Klavier oder ein Flügel ist viel schwerer. Ein großer Konzertflügel wiegt etwa 600 kg, manchmal sogar noch mehr. Da benötigt man mehrere Träger mit Tragegurten zum Transport. Oftmals hat ein Flügel Rollen, um auf einer Ebene bequem von einem zum anderen Ort gerollt werden zu können. Der Klang eines Flügels ist viel voller und tragfähiger als der eines Klaviers. Deswegen stehen in Konzertsälen stets Flügel.

Im Schloss zu Mannheim gab es eine Hofkapelle, die mit ihrem Leiter **Johann Stamitz** ebenfalls versuchte, solche neuen Wege zu gehen.
Hieraus bildete sich die sogenannte **Mannheimer Schule.** Ihre Musiker waren sehr gut. Sie spielten mit starkem Ausdruck, den sie rasch verändern konnten: mal laut, dann wieder ganz leise, mal brillant, dann wieder zart und zurückhaltend. Besonders bekannt war ihr **Crescendo,** das heißt das gleichmäßige rasche und starke Anschwellen des Klangs bei einer aufsteigenden Tonfolge. Das wurde später sogar **Mannheimer Rakete** genannt. Unter Johann Stamitz wurde das Orchester größer. Das Cembalo wurde nicht mehr benutzt. Stattdessen verwendete man ein **Hammerklavier,** das im Klang schon sehr einem modernen Klavier ähnelt. Zu den Holzbläsern kamen nun die Klarinetten hinzu, die es in der Barockzeit noch nicht gegeben hatte.

Wer war's?

Johann Stamitz wurde 1717 in Böhmen, einem Teil des heutigen Tschechien, geboren. Er war **Komponist und Geiger.** 1741 oder 1742 kam er als Musiker an den Hof zu Mannheim, wo er bis zu seinem Tode 1757 blieb.

Nr. 17 Stamitz, *Klarinettenkonzert B-Dur*

Klarinette

Wien - die Musikstadt

Wir hören als zweites Werk ein Klavierkonzert von Wolfgang Amadeus Mozart. Es ist sein 16. Klavierkonzert und er soll noch viel mehr Klavierkonzerte geschrieben haben. Insgesamt ist das Orchester jetzt viel größer als bei dem Brandenburgischen Konzert von Bach. Es gibt mehr Streicher, also mehr Geigen, Bratschen, Celli und Kontrabässe. Außerdem gibt es mehrere Holzbläser, zwei Flöten, zwei Oboen, zwei Fagotte und auch Blechbläser, nämlich zwei Trompeten und zwei Hörner. Nicht zu vergessen die Pauke, die für einen festlichen Klang sorgt. Am Anfang spielt nur das Orchester. Es dauert ganz schön lange, bis der Musiker am Flügel, der Pianist, zu spielen beginnt. Aber dann geht es gleich in rasender Geschwindigkeit so richtig los. Es klingt wirklich super!
Mal sehen, was Max dazu meint. Nach dem Stück von Mozart ist erst einmal Pause. Dann kann ich ihn fragen.

Komponisten wie die Österreicher **Joseph Haydn** oder Wolfgang Amadeus Mozart waren von der Musik Bachs, aber auch von der seiner Söhne begeistert. Sie griffen die alten und neueren Ideen der Bachsöhne und des Mannheimer Orchesters auf. Dabei entwickelten sie ihren eigenen Musikstil, den Stil der **Wiener Klassik.** Wien war in der zweiten Hälfte des 18. Jahrhunderts, also vor ungefähr 250 Jahren, eine bedeutende Kulturstadt. Haydn wirkte dort, bis er an den Hof des Grafen Esterházy nach Ungarn wechselte.

Nr. 19 Haydn, *Streichquartett C-Dur op. 76,3, 1. Satz*

Wer war's?

Joseph Haydn wurde 1732 in Österreich geboren. Von 1761 bis 1790, also fast 30 Jahre lang, war er als Musiker am Hofe des Grafen Esterházy in Ungarn tätig. Als dieser starb, unternahm Haydn Reisen nach London, wo er sehr gefeiert wurde. Er starb 1809 in Wien.

Großer Musikvereinssaal, Wien

Haydns Freund **Wolfgang Amadeus Mozart,** in Salzburg geboren, verbrachte seine letzten zehn Lebensjahre in Wien. Er nahm alle Einflüsse seiner Zeit auf. Dazu gehörten die Musik seines Freundes Joseph Haydn, die Werke von Johann Sebastian Bach und dessen Sohn, Johann Christoph Bach. Ihn hatte Mozart in London kennengelernt. Weitere musikalische Eindrücke, die er auf seinen zahlreichen Konzertreisen mit seinem Vater Leopold gewonnen hatte, waren wichtig für seine Musik. Mozart formte diese vielfältige Musik zu etwas Neuem.

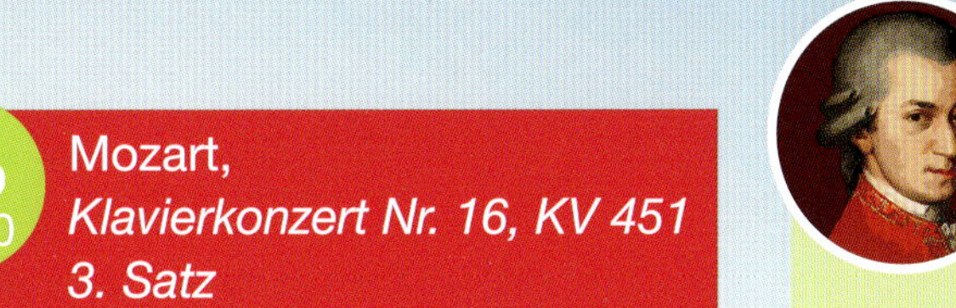

Mozart,
Klavierkonzert Nr. 16, KV 451
3. Satz

Wer war's?

Wolfgang Amadeus Mozart wurde 1756 in Salzburg geboren. Sein **Vater Leopold,** ein berühmter Geiger, unterrichtete ihn und seine **ältere Schwester Maria Anna,** genannt Nannerl. Leopold erkannte das große Talent seiner Kinder und förderte sie. Der Vater reiste in viele Städte Europas, in denen Nannerl und besonders Wolfgang als Wunderkinder gefeiert wurden. In Rom hörte Wolfgang Amadeus Mozart ein Chorwerk, dessen Noten vom Vatikan, also der päpstlichen Vertretung, geheim gehalten wurden. Es handelte sich um ein neunstimmiges Chorwerk des Komponisten **Allegri.** Mozart konnte es nach dem Hören einfach aufschreiben und das Rätsel um das Werk war gelöst. Eine Zeit lang war Mozart in Anstellung beim Bischof von Salzburg, aber er unterwarf sich nicht gern irgendwelchen hohen Herrschaften. Er wollte lieber frei und unabhängig komponieren. Er verdiente gut, lebte allerdings recht luxuriös, sodass das Geld immer wieder knapp wurde. Mozart wurde nur 35 Jahre alt, hat aber in dieser Zeit viele und herausragende Werke, Opern, Messen und Instrumentalmusik geschrieben. Er starb 1791 in Wien und wurde in einem allgemeinen einfachen Grab beigesetzt.

Erfahre mehr

Hofmusiker
Die Musiker waren in der Zeit des 17. und 18. Jahrhunderts meistens am Hofe eines adeligen Herrschers oder bei der Kirche angestellt. Sie waren daher abhängig von ihren Herren, womit viele nicht zufrieden waren.

Neue Kompositions-Arten

Meine Hände sind ganz heiß vom vielen Klatschen. Auch Max war begeistert. Besonders die Solisten an den Tasteninstrumenten, am Flügel und vorher am Cembalo waren toll. Wie schnell die gespielt haben und manchmal aber auch ganz langsam, zart und fast etwas traurig. Das hatte ich so nicht erwartet.
Alle Besucher drängen jetzt aus dem Saal, um sich in der Pause die Beine zu vertreten.

In der Zeit der Klassik entstanden neue Arten von Kompositionen, zum Beispiel **Sonaten** für Klavier, Opern, **Symphonien** für Orchester und **Kammermusik.** Das ist Musik, die von wenigen Musikern gespielt wird und daher in einer Kammer, also in einem Zimmer aufgeführt werden kann. Solche Musik für wenige Musiker gab es auch schon vorher, aber nun änderte sich die Besetzung. Es entstanden zum Beispiel **Streichquartette.** Ein Streichquartett besteht aus vier Streichern mit zwei Geigen, einer Bratsche und einem Cello. Ein berühmtes Streichquartett wurde von Joseph Haydn komponiert. Die Melodie kennst du bestimmt. Sie wurde später zur deutschen Nationalhymne.
Ein weiterer Musiker der Wiener Klassik ist **Ludwig van Beethoven.** Er war ein ganz wichtiger Komponist.
Mit seinen Kompositionen erreichte die Wiener Klassik ihren Höhepunkt.
Gleichzeitig bereitete Beethoven die Musik der sogenannten Romantik vor. Er gilt deshalb als Wegbereiter dieser Epoche.

Wer war's?

Der Komponist **Ludwig van Beethoven** wurde 1770 in Bonn geboren. Dort kann man heute noch sein Geburtshaus besuchen. Später zog Beethoven nach Wien. Zwei Jahre lang, von 1792 bis 1794, war er Schüler von **Joseph Haydn.** Es heißt, die beiden hätten sich nicht immer verstanden. Bestimmt hat Beethoven viel von Haydn und anderen Komponisten gelernt. Aber er wollte natürlich seinen eigenen Stil entwickeln. In seinen letzten Lebensjahren war Beethoven taub. Trotzdem komponierte er weiter und schuf hervorragende musikalische Werke. Er starb 1827 in Wien.

Beethoven-Denkmal in Bonn

Geburtshaus von Ludwig van Beethoven

Erfahre mehr

Die Europahymne
Auch von Beethoven gibt es ein Werk, das heute als Hymne gesungen wird. Die Europahymne stammt aus dem letzten Satz seiner neunten Symphonie. Der Text *Freude, schöner Götterfunken* ist von dem deutschen Dichter **Friedrich Schiller** geschrieben worden.

Beethoven,
Symphonie Nr. 9, op. 125, 4. Satz „Freude, schöner Götterfunken“

Freude, schöner Götterfunken

Freude, schöner Götterfunken,
Tochter aus Elysium.
Wir betreten feuertrunken,
Himmlische, dein Heiligtum.

Deine Zauber binden wieder,
was die Mode streng geteilt.
Alle Menschen werden Brüder,
wo dein sanfter Flügel weilt.

Ein neues Lebensgefühl

Die meisten Konzertbesucher haben den Saal verlassen. Sie stehen in Gruppen zusammen, trinken etwas und unterhalten sich. Opa spendiert Max und mir einen Orangensaft. Er trinkt ein Glas Wein. Und Brezeln gibt es auch noch. Opa meint, wir müssten uns stärken für den zweiten Teil. Denn nun werden wir noch eine große romantische Symphonie hören. Sie ist von Robert Schumann. Sie heißt *Rheinische Symphonie* und ist sehr bekannt.
Gerade ertönt ein Pausengong. Das klingt aber schön. Opa erklärt uns, dass dies die Bläserfanfare aus der Rheinischen Symphonie von Schumann ist. Und diese Symphonie werden wir gleich hören. Nun lasst uns aber rasch wieder auf unsere Plätze gehen!

In der Zeit der Romantik entwickelten die Menschen ein neues Lebensgefühl. Sie wollten frei und unabhängig sein. Sie entdeckten die Natur, unternahmen Wanderungen und Ausflüge an entlegene Orte. Dort genossen sie die Einsamkeit und hingen ihren Träumen nach.
Hört man heute den Begriff romantisch, denkt man vielleicht an ein Liebespaar oder einen einsamen Wanderer, der auf einer Bergkuppe steht und den Nebel beobachtet. Der Maler Caspar David Friedrich hat eine solche Stimmung in seinem Bild *Der Wanderer über dem Nebelmeer* festgehalten.
Auch die Musik der Romantik löste sich von vorgegebenen Formen. Die Musiker schufen eine neue musikalische Sprache, mit der sie ihre Gefühle ausdrücken konnten. In Wien schrieb noch zur Zeit Beethovens der junge **Franz Schubert** eine ganz neuartige Musik. Neben seinen Klaviersonaten, seinen Streichquartetten und seinen Symphonien sind besonders seine **Lieder für einen Sänger und Klavier** sehr bekannt.

Wer war's?

Robert Schumann lebte von 1810 bis 1856. Er war Komponist, Dirigent und Herausgeber einer bedeutenden Musikzeitschrift. Er war verheiratet mit Clara Wieck, die eine berühmte Pianistin war. Sie hat viele seiner Klavierwerke aufgeführt. Anfangs hat Robert Schumann vor allem Klaviermusik geschrieben, später auch große Symphonien für Orchester, Kammermusik, Chormusik und Lieder für eine Singstimme und Klavier. Leider wurde Schumann in seinen letzten Lebensjahren sehr krank. Er starb in einer Klinik in Bonn. Dort ist auch sein Grab.

Drei Jahre vor seinem Tod lernte Robert Schumann 1853 einen jungen Komponisten kennen. Es war der erst 20 Jahre alte **Johannes Brahms.** Schumann war sehr beeindruckt von Brahms' Werken. In seiner *Neuen Zeitschrift für Musik* schrieb er sehr begeistert über den jungen Musiker. Robert und **Clara Schumann** wurden enge Freunde von Johannes Brahms. Brahms hat neben vielen anderen Werken auch einige Lieder für die Kinder von Robert und Clara geschrieben, zum Beispiel das Wiegenlied *Guten Abend, gut' Nacht.* Als Schumann krank wurde, war Brahms oft bei Clara. Er verehrte und liebte Clara Schumann.

Wer war's?

Johannes Brahms wurde 1833 in Hamburg geboren. Er starb im Alter von 63 Jahren 1897 in Wien. Wie Schumann hat er viele Werke hinterlassen, Symphonien, Kammermusik, Klavierwerke, Lieder und Chormusik.

Nr. 24 Schumann, *Symphonie Nr. 3, op. 97 „Rheinische Symphonie", 1. Satz*

Der Wanderer über dem Nebelmeer

Robert-Schumann-Denkmal

Ein Instrument stimmen

Die Orchestermusiker kommen schon auf die Bühne. Und wieder sind es noch mehr Musiker. Es gibt auch mehr Streicher. Sie heißen Streicher, weil sie mit dem Bogen über die Saiten streichen. Und mehr Bläser gibt es auch. Außerdem ist der Flügel verschwunden.
Als sich die Musiker einspielen, hört sich das wie ein großes Durcheinander an. Alle spielen noch mal ein paar schwierige Stellen durch, aber jeder eine andere. Jetzt spielt plötzlich nur noch ein Instrument, ein Blasinstrument. Es ist die Oboe. Sie gibt den Ton *a* an. Danach stimmen jetzt alle anderen Musiker ihre Instrumente.

Jedes Instrument muss gestimmt werden. Bei Tasteninstrumenten dauert das sehr lange, weil jeder Ton einzeln gestimmt werden muss. Ein Klavier oder Flügel wird von einem **Klavierstimmer** gestimmt. Die Orchestermusiker stimmen ihre Instrumente selbst. Die Streicher müssen je vier Saiten stimmen. Die Bläser können kleine Veränderungen an ihrem Instrument vornehmen, um sie etwas höher oder tiefer zu stimmen. Eine Querflöte besteht zum Beispiel aus drei ineinandergesteckten Röhren: Kopfstück, Mittelstück und Fußstück. Zieht der Flötist diese etwas auseinander, wird der Ton tiefer. Steckt er sie weiter ineinander, wird die Flöte insgesamt ein wenig kürzer und der Ton höher.

Querflöte

Mittelstück

Fußstück

Kopfstück

Geige stimmen

Stimmungsvolle Musik

Da kommt auch schon der Dirigent wieder auf die Bühne. Wir begrüßen ihn mit unserem Applaus. Dann sind alle wieder total leise, denn die Musik beginnt.

Schubert hat Lieder zu Gedichten aus seiner Zeit geschrieben. Es gelingt ihm ganz wunderbar, die Stimmungen, die in den Gedichten beschrieben werden, auch in seiner Musik auszudrücken. In dem Lied *Die Forelle* zum Beispiel hört man förmlich das Fließen des Wassers und das lustige Springen der Forelle.

springende Forelle

Nr. 26 Schubert, *„Die Forelle“ op. 32 / D 550*

Wer war's?

Franz Schubert wurde 1797 als 13. von insgesamt 16 Kindern in Wien geboren. Von diesen Kindern starben leider sehr viele in ganz jungem Alter.
Nur vier von den 16 Kindern erreichten das Erwachsenenalter. Das war früher häufig so, weil Krankheiten oft nicht geheilt werden konnten und es keine wirksamen Medikamente gab.
Zu seinen Lebzeiten war Schubert als Komponist nicht sehr anerkannt. Erst nach seinem Tode wurden seine Werke entdeckt, sie werden bis heute immer wieder aufgeführt. Er starb 1828 im Alter von nur 31 Jahren an einer schweren Krankheit in Wien.

Probier's doch mal

Ein Instrument bauen

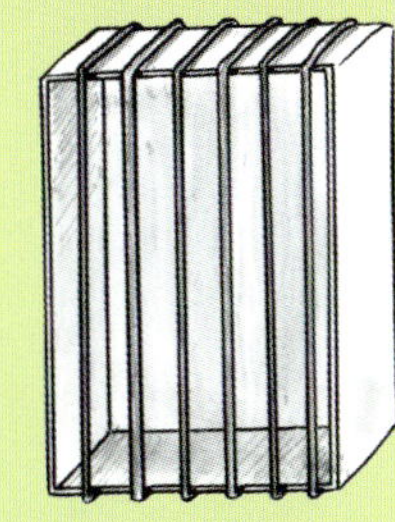

Du kannst dir leicht ein einfaches Zupfinstrument bauen: Nimm einen Schuhkarton und schneide an den Längsseiten jeweils sechs kleine Kerben hinein (siehe Skizze). Nun spannst du Gummis von einer Seite zur anderen über den offenen Karton. Die Gummis sollten unterschiedlich dick sein und unterschiedlich fest gespannt werden. Nun kannst du an den Gummis zupfen und Musik machen. Hörst du, dass die Töne der verschiedenen Gummis unterschiedlich hoch oder tief klingen?

Musikfestspiele

Das Stück nach der Pause, die *Rheinische Symphonie,* war viel länger als die beiden Werke vor der Pause. Im Programmheft steht, dass diese Symphonie so heißt, weil Robert Schumann sie im Rheinland geschrieben hat. Er war gerade Musikdirektor in Düsseldorf geworden. Die Symphonie hat nicht nur drei, sondern fünf Sätze. Aber die Sätze sind total unterschiedlich, sodass es nicht langweilig wird. Auch Max findet es super, wie die Musik einen richtig mitreißt.

Jetzt ist der letzte Ton verklungen. Erst sind alle noch ganz gebannt, aber dann bricht der Applaus los. Manche Konzertbesucher rufen laut „Bravo".

Max und ich trampeln mit unseren Füßen, weil wir es wirklich klasse fanden. Opa ist aufgestanden und applaudiert, so laut er kann. Der Dirigent verbeugt sich und bittet die Orchestermusiker aufzustehen. Nun wird der Applaus für das Orchester noch lauter.

Der Dirigent verlässt die Bühne. Aber weil wir weiter klatschen, kommt er wieder zurück und verbeugt sich noch einmal. Jemand überreicht ihm als Dank einen Blumenstrauß. Das Publikum will gar nicht aufhören zu applaudieren. Aber irgendwann kommt der Dirigent nicht mehr auf die Bühne und auch die Musiker verlassen den Saal.

Schade, jetzt ist das Konzert zu Ende und wir bedanken uns bei unserem Opa für das tolle Geschenk.

Bayreuther Festspielhaus

Ein sehr bekannter Komponist aus der Zeit der Romantik ist Richard Wagner. Für seine Oper *Das Rheingold* hat er 64 Streicher, 15 Holzbläser, 16 Blechbläser, 6 Schlagzeuger und auch noch 6 Harfen vorgesehen. Eine weitere Harfe spielt auf der Bühne. Nun kannst Du ausrechnen, wie viele Musiker man für diese Oper benötigt. *Das Rheingold* gehört zu einem Opernzyklus von Richard Wagner *Der Ring des Nibelungen.* Darin vertont Wagner alte Sagen. Um den gesamten *Ring des Nibelungen* aufzuführen braucht man 16 Stunden. Für diese Aufführungen hat Wagner sich ein Theater bauen lassen, das Festspielhaus in Bayreuth.
Jedes Jahr kommen viele Menschen nach **Bayreuth,** um dort die **Musikfestspiele** zu besuchen. In schicken Kleidern und vornehmen Anzügen erscheinen die Besucher zu dieser Veranstaltung. Immer sind viele Prominente dort zu sehen. Auch Angela Merkel ist eine Liebhaberin dieser Festspiele. Es werden nur Opern des Komponisten **Richard Wagner** gespielt.

Das Festspielhaus wurde auch nur gebaut, um dort die Opern von Wagner aufzuführen. Im Jahre 1876 fanden die ersten Bayreuther Festspiele statt.
Viele Musikbegeisterte möchten die Festspiele in Bayreuth besuchen.
Jedes Jahr gibt es bis zu 500 000 Kartenbestellungen. Aber es gibt nur Platz für etwa 58 000 Zuschauer. So müssen manche Leute zehn Jahre warten, bis sie eine Eintrittskarte bekommen.

Wer war's?

Richard Wagner wurde 1813 in Leipzig geboren und starb 1883 in Venedig. Er war nicht nur Komponist, sondern auch Schriftsteller, Dichter und Theater-Regisseur.
Für seine Opern lieferte er also nicht nur die Musik, sondern auch den Text und die Regieanweisungen für die Aufführungen. Mit seinen Kompositionen erneuerte er die Musik in Europa im 19. Jahrhundert. Von vielen Menschen wird Wagner als Person heute abgelehnt. Das hängt damit zusammen, dass er Juden nicht mochte.

Bühnenbild Das Rheingold

Orchester im Festspielhaus Bayreuth

Ungewöhnliche Klänge

Opa möchte nach dem Konzert mit uns zum Künstlereingang gehen. Er kennt nämlich einen der Orchestermusiker. Die Musiker sind an ihren Instrumentenkoffern gut zu erkennen. Schließlich begrüßt Opa einen Mann, der ohne Instrument auf uns zukommt. Ich frage ihn nach seinem Instrument. Er antwortet: „Ich bin Schlagzeuger. Heute Abend konntet ihr mich an der Pauke sehen. Und die kann ich mir schlecht unter den Arm klemmen. Die bleibt hier im Proberaum."

Nach einem kurzen Gespräch mit Opa lädt uns der Musiker zu einer Probe ein, damit er uns seine Schlaginstrumente zeigen kann.

Schon eine Woche später holt uns Opa wieder ab und fährt mit uns noch einmal zur Philharmonie. In der heutigen Probe wird ein Stück des Komponisten Igor Strawinsky geprobt. Es heißt *Le Sacre du Printemps.* Das heißt so viel wie *Frühlingsweihe* oder *Frühlingsopfer.*

Eigentlich ist es eine Ballettmusik, aber es wird auch oft ohne Tänzer gespielt. Diese Musik wurde zum ersten Mal 1913 aufgeführt, also vor etwas mehr als 100 Jahren. Da bin ich aber mal gespannt.

Außer uns sind nur wenige Zuhörer im Saal. Das ist toll, dass wir die Probe miterleben dürfen! Auf der Bühne sind jetzt noch deutlich mehr Musiker als bei dem Konzert. Neben den Streichern gibt es viel mehr Bläser. Ich zähle mal: fünf Flöten, fünf Oboen, fünf Klarinetten und fünf Fagotte. Und außerdem noch ganz viele Blechbläser: eins, zwei, drei ... insgesamt acht Hörner, fünf Trompeten und drei Posaunen. Und außerdem noch zwei ganz große Blechblasinstrumente. Das sind die Basstuben. Die können ganz tiefe Töne spielen.

Und dann sehe ich noch ganz viele Schlagzeuge.

Da werden gleich mehrere Schlagzeuger benötigt.

Neue Musik nennt man die Musik, die im 20. Jahrhundert komponiert wurde und die auch heute komponiert wird. Künstler, Maler und Musiker möchten stets etwas Neues schaffen und nicht nur ihre Kollegen nachahmen.
Dies führt dazu, dass sich ständig etwas verändert. Mit der Zeit kamen zum Beispiel neue Instrumente hinzu. Das Orchester wurde größer und größer. Und die Kompositionen, genau wie der Klang, veränderten sich. Hierzu braucht man Mut.
Auch heute suchen Komponisten eigene Wege, um den Zuhörer zu berühren und zu überraschen.

Bei der Uraufführung des Werkes *Le Sacre du Printemps* von **Igor Strawinsky** im Mai 1913 in Paris gab es einen Skandal. Die Zuschauer fanden das Stück schrecklich. Sie lachten Strawinsky und die Tänzer aus. Sie pfiffen und schrien. Und manche prügelten sich sogar. Die Aufführung endete mit einem Tumult. Strawinsky war sehr enttäuscht.
Erst später, als das Publikum sich besser auf neue Klänge einlassen konnte, wurde das Werk bekannt und beliebt. Noch heute wird es häufig gespielt.
So geht es uns vielleicht auch: Was wir kennen, hören wir gerne. Was fremd klingt, empfinden wir oft zunächst als schwierig und lehnen es ab.

Wer war's?

Igor Strawinsky wurde 1882 in Russland geboren. Er lebte viele Jahre lang in Paris und anschließend in den USA. 1971 starb er in New York. Sein Grab befindet sich auf einem Friedhof in Venedig.

Nr. 29 Strawinsky, Le *Sacre du Printemps*

Neue Wege in der Musik

Da kommt wieder der Dirigent, den wir auch im Konzert gesehen haben. Er leitet die Probe. Nun geht es los.
Diese Musik klingt total anders als die im Konzert. Irgendwie wirkt es etwas durcheinander. Max findet es spannend. Vor allem, wenn das ganze riesige Orchester spielt. Das reißt einen fast vom Stuhl, so laut ist das. Der Dirigent unterbricht häufig. Immer wieder möchte er, dass die Musiker noch genauer zusammenspielen oder leiser oder lauter. Puh, die Musiker haben wirklich viel zu beachten! Je länger ich zuhöre, desto besser gefällt mir das Stück. Vielleicht muss man sich an die fremden Klänge erst gewöhnen.

Wieder waren es Komponisten in Wien, die für die Entwicklung der Neuen Musik besonders wichtig waren. Einer von ihnen hieß **Arnold Schönberg.** Er hatte die Idee, mit zwölf Tönen zu komponieren, die sich in einer Melodie nicht wiederholen durften. Dazu entwickelte er ganz genaue Regeln. Man nennt dies die **Zwölftontechnik.**

Wer war's?

Arnold Schönberg wurde 1874 in Wien geboren. Er war Professor für Komposition in Berlin. Von dort musste er 1933 fliehen, weil er jüdischer Abstammung war. Der **Diktator Adolf Hitler,** der damals Deutschland regierte, wollte alle Juden töten. Arnold Schönberg zog in die USA, wo er 1951 in Los Angeles starb. Er wurde in Wien beerdigt.

Schönbergs Grab in Wien

Karlheinz Stockhausen

Wer war's?

Karlheinz Stockhausen wurde 1928 geboren und starb 2007. Schon als Schulkind war er musikalisch sehr begabt. Später komponierte er eine Oper, die eine Spieldauer von 29 Stunden hat. Es ist die am längsten dauernde Oper der Welt.

Ein weiterer bedeutender Komponist der Moderne ist **Karlheinz Stockhausen.** Er komponierte unter anderem sogenannte elektronische Musik. *Der Gesang der Jünglinge* ist ein sehr bekanntes Stück, das er 1956 im Studio für elektronische Musik beim WDR in Köln aufgeführt hat. Es ist für Sänger und elektronisch erzeugte Klänge geschrieben.

Erfahre mehr

Die Uraufführung
Häufig wird Musik von Komponisten aufgeführt, die bereits verstorben sind. Aber es gibt zum Glück auch in unserer Zeit viele Musiker, die komponieren. Wenn ein Werk zum ersten Mal erklingt, nennt man dies eine **Uraufführung.** Meistens ist der Komponist dann auch anwesend. Für die Musiker, den Komponisten und die Zuhörer, ist es stets etwas ganz Besonderes, wenn ein Werk zum ersten Mal aufgeführt wird.

Ein Komponist der Gegenwart

Opa kennt nicht nur einen Orchestermusiker, sondern auch einen lebenden Komponisten. Den haben wir gemeinsam mit Opa in einem Café in der Nähe des Kölner Doms getroffen. Wir durften ihm Löcher in den Bauch fragen. Das war toll. Ich wollte schon immer mal erfahren, wie man ein großes Werk komponiert. Hat man gleich das ganze Stück im Kopf und weiß, welche Instrumente spielen werden?
Max und ich haben dann wie Journalisten ein Interview mit dem Komponisten geführt. Anschließend haben wir das Interview in unserer Schülerzeitung veröffentlicht.
Der Komponist heißt Thomas Blomenkamp und wohnt in Meerbusch bei Düsseldorf.

Max:
Herr Blomenkamp, wo sind Sie geboren und waren Ihre Eltern auch Musiker?

Thomas Blomenkamp:
Ich bin mitten in Düsseldorf geboren und lebe heute ganz in der Nähe.
Mein Vater war Lehrer für alte Sprachen und Philosophie, meine Mutter hat anfangs bei einer Versicherung gearbeitet und sich dann um meine Schwester, meinen Bruder und mich gekümmert.

Lisa:
Wann haben Sie angefangen, sich für Musik zu interessieren, ein Instrument zu spielen?

Thomas Blomenkamp:
Mit 10 Jahren habe ich Klavierunterricht erhalten, da war das Interesse an der Musik geweckt. Ich hatte eine Lehrerin, die mich für die klassische und neuere Musik begeistern konnte und mich in Konzerte großartiger Musiker mitnahm.

Max:
Hatten Sie immer Lust zu üben?

Thomas Blomenkamp:
Am Klavier hatte ich immer Vergnügen, auch wenn es später im Studium bis zu sechs Stunden am Tag waren. Auf meinem zweiten Instrument, dem Kontrabass, hatte ich weniger Lust zu üben, habe aber gerne im Orchester mitgespielt.

Lisa:
Wann haben Sie zum ersten Mal komponiert?

Thomas Blomenkamp:
Mit ungefähr 13 Jahren. Zuerst waren es kleine Stücke für Violine und Cello, denn diese Instrumente spielten meine Geschwister.

Aber auch für Klavier, Blasinstrumente und später Lieder habe ich komponiert. Ich bin nicht sicher, ob ich die Stücke noch habe. Sie könnten in einer Kiste auf dem Speicher liegen. Aufgehoben habe ich die Werke erst ab meinem 19. Lebensjahr. Da sind sie dann oft auch in Verlagen erschienen.

Max:
Welche Schule haben Sie besucht und was waren Ihre Lieblingsfächer?

Thomas Blomenkamp:
Ich habe nach der Grundschule das Comenius-Gymnasium in Düsseldorf besucht. Meine Lieblingsfächer waren Deutsch, Geschichte und Musik. Das fand ich spannend, weil ich dort die besten Lehrer hatte.

Lisa:
Was haben Sie nach der Schule gemacht? Muss man studieren, um Komponist zu werden?

Thomas Blomenkamp:
Nach dem Abitur habe ich ein paar Kurse besucht, am Wettbewerb *Jugend musiziert* teilgenommen, viel Musik gemacht und mich auf die Aufnahmeprüfungen für ein Musikstudium vorbereitet. So bin ich für Klavier in Düsseldorf und für Komposition in Köln gelandet. Da ging es immer hin und her zwischen den beiden Städten, aber es war eine schöne Zeit ohne Zwänge. Man muss aber nicht studieren, um Komponist zu werden – dafür gibt es genug berühmte Beispiele.

Man kann aber im Studium viele Anregungen bekommen, auch über die Musik hinaus. Inzwischen glaube ich sogar, dass man das Komponieren vor allem lernt, indem man komponiert.

Max:
Wann wurde zum ersten Mal öffentlich ein Werk von Ihnen aufgeführt und welches war das?

Thomas Blomenkamp:
Das kann ich nicht mehr genau sagen, es war sicher in einem Hauskonzert.

Lisa:
Sind Sie aufgeregt, wenn Ihre Werke gespielt werden?

Thomas Blomenkamp:
O ja, und wie! Ich glaube, es fühlt sich ein bisschen so an, als ob man sein Kind zum ersten Mal loslässt und es alleine läuft …

Max:
Wie viele Werke haben Sie bisher geschrieben und für welche Instrumente?

Thomas Blomenkamp:
Demnächst beginne ich mit meinem 88. Werk. Es gibt aber auch noch welche, die ich weggelegt habe oder kleinere Sachen, die im Werkverzeichnis nicht auftauchen. Es sind fast alle Instrumente dabei, auch Saxofon, Mandoline und Pauken.

Interview mit einem Komponisten

Lisa:
Welchen Komponisten bewundern Sie am meisten? Haben Sie ein Lieblingsstück?

Thomas Blomenkamp:
Da geht es mir wie vielen Komponisten: Der Größte ist für mich Johann Sebastian Bach. Ihn bewundere ich, seine Musik ist ein ganzer Kosmos, unglaublich reich und belebend für den Kopf, das Herz und die Seele. Franz Schuberts Musik habe ich immer geliebt, auch die von Schumann und Brahms. Sie berühren mich zutiefst. Und dann geht es weiter mit Debussy, Berg, Bartók, Strawinsky, Ligeti.
Meine Lieblingstücke: Es gibt sehr viele Stücke, die ich liebe, hier nenne ich mal die *Matthäus-Passion* von Bach, das *Streichquintett* von Schubert und *Le Sacre du Printemps* von Strawinsky.

Max:
Welches Stück von Ihnen selbst finden Sie am besten?

Thomas Blomenkamp:
Ich bin nie wirklich zufrieden, aber vielleicht ist mein Bratschenkonzert ganz gut geraten …

Lisa:
Welches Werk komponieren Sie im Moment? Schreiben Sie, was Ihnen so gerade einfällt oder bekommen Sie den Auftrag für ein Werk?

Thomas Blomenkamp:
Im Augenblick schreibe ich drei Klavierstücke für eine ausgezeichnete junge Pianistin. Das nächste wird ein Trio für Violine, Violoncello und Klavier sein. In den letzten 20 Jahren waren es fast nur Auftragswerke. Wobei ich darauf achte, nur das anzunehmen, was mir spannend erscheint. Aber im letzten Sommer habe ich auch drei kleine Lieder und ein Stück für Oboe nur so geschrieben.
Natürlich sind Aufträge wichtig. Auch ein Komponist muss schließlich Brötchen und Schuhe kaufen und Schulbücher für seine Kinder …

Max:
Komponieren Sie jeden Tag oder vielleicht auch nachts?

Thomas Blomenkamp:
Wenn ich nicht unterwegs bin, gehe ich jeden Tag in mein Studio, morgens, nachmittags, wann immer es auskommt.
Den Abend verbringe ich gerne mit Familie und Freunden, gehe ins Theater, ins Konzert, manchmal ins Kino. Nachts schlafe ich lieber, aber meine Gedanken sind oft bei dem Stück, das gerade entsteht.

Lisa:
Wissen Sie von Anfang an, wie Ihr nächstes Stück wird oder entwickeln sich die Ideen während des Komponierens?

Thomas Blomenkamp:
Nein, das dauert bei mir. Ich fange zwar an, aber es geht oft ganz anders weiter, als ich zunächst dachte. Ständig gibt es

Änderungen. Ich kann aber nie wissen, ob sie besser sind als das, was vorher da war. Manchmal komme ich mir vor wie ein Bildhauer, der einen großen Stein mit Hammer und Meißel bearbeitet und erst nach und nach eine Figur freilegt.

Max:
Führen die Musiker Ihre Werke so auf, wie Sie es sich wünschen?

Thomas Blomenkamp:
Ich habe das große Glück, dass meistens sehr gute Musiker meine Stücke spielen – und da muss ich mir keine Sorgen machen und kann es manchmal sogar genießen!

Lisa:
Gibt es Rundfunk- oder CD-Aufnahmen von Ihren Stücken?

Thomas Blomenkamp:
Ja, es gibt ein paar CDs, eine Doppel-CD sogar mit insgesamt acht Stücken, vom Solo bis zum großen Orchester. Rundfunkaufnahmen wurden auch gemacht, in Deutschland und in vielen Ländern in Europa.

Max und Lisa:
Danke für das Interview!

Thomas Blomenkamp:
Nichts zu danken. Ich schenke euch noch eine CD mit einigen Werken von mir.

Nr. 31
Blomenkamp,
Drei Fragmente für Bläserquintett
Sempre piano e leggiero

Thomas Blomenkamp wurde vor vielen Jahren in Düsseldorf geboren und ist dort auch zur Schule gegangen. Weil er gute und begeisternde Musiklehrer hatte, fiel ihm die Berufswahl leicht. Er studierte Klavier und Komposition und hat seitdem viele Werke komponiert: für fast alle Instrumente, Gesang, Chor, Orchester und sogar zwei Opern. Viele Stunden verbringt er jeden Tag in einem eigenen Komponier-Zimmer, in dem es nur zwei Schreibtische, Notenpapier, Bleistifte, große Radiergummis und ein Klavier gibt, kein Telefon, keinen Computer, aber eine große Schublade mit Schokolade und Lakritz. Am Ende eines Tages gibt es manchmal ein paar Takte Musik, manchmal landet aber auch alles im Papierkorb …
In seinem Werkverzeichnis stehen bis heute 87 Stücke. Er hat sich vorgenommen, hundert Stücke zu schaffen.
Thomas Blomenkamp hat auch Familie: eine Frau, die singt, zusammen haben sie eine Tochter, einen Sohn und zwei Katzen. Er hat außerdem viele Freunde, die er abends gerne zu Gesprächen beim Bier trifft. Er liebt das Fahrradfahren, geht gerne ins Theater und Konzert und ist eine Leseratte, im ganzen Haus gibt es vollgestopfte Bücherregale.

Konzertsäle in aller Welt

„Max, komm mal schnell. Im Fernsehen ist gerade ein Bericht über ein Konzerthaus, das noch größer ist als die Kölner Philharmonie. Max, beeil dich doch.“ Das Gebäude sieht irre aus. Wo ist denn das? Das steht ja sozusagen im Wasser, oder?
Im Bericht wird gesagt, dass es die Elbphilharmonie in Hamburg ist. Sie befindet sich am Hamburger Hafen. Ursprünglich war das ein Speicherhaus, auf das man dann den modernen Saal gebaut hat. Das Gebäude war sehr teuer.

Es wird immer sehr viel über die **Akustik** eines Konzertsaales diskutiert, also darüber, wie gut die Musik in dem jeweiligen Raum klingt. Man möchte die einzelnen Instrumente gut heraushören. Aber der Klang muss sich auch mischen. Ganz leise Passagen sollen überall im Saal gut zu hören sein und laute Stellen sollen voll, aber auch nicht zu hart klingen. Und außerdem möchte natürlich möglichst jeder Konzertbesucher die Musiker auf der Bühne auch gut sehen können. Welche **Form von Konzertsaal** nun am besten ist, ist schwer zu sagen.

Das musst du wissen

Konzerthäuser
Auf der ganzen Welt gibt es Konzerthäuser, in denen regelmäßig Konzerte gegeben werden. Es gibt hauptsächlich zwei unterschiedliche Formen von Konzertsälen: Entweder sind sie rechteckig wie ein **Schuhkarton** oder aber oval mit terrassenförmig ansteigenden Sitzen. Diese Form wird mit einem **Weinberg** verglichen.
Es gibt natürlich auch kleinere Säle, in denen Konzerte gegeben werden. Zum Beispiel im Geburtshaus des Komponisten Ludwig van Beethoven gibt es einen kleinen Konzertsaal.

Elbphilharmonie

Kammermusiksaal der Philharmonie Berlin

Amsterdam, Concertgebouw

Eingeweiht 1888,
1 962 Sitzplätze im Großen Saal

Berlin, Konzerthaus Berlin

1979 – 1984 Nachbildung des im Krieg schwer zerstörten Gebäudes aus dem frühen 19. Jahrhundert, 1 700 Sitzplätze im Großen Saal

London, Royal Albert Hall

Eröffnet 1871,
7 000 Sitzplätze und
2 500 Stehplätze

Los Angeles, Walt Disney Concert Hall

Eröffnet 2003,
2 265 Sitzplätze

Luzern, Konzert- und Kongresszentrum Luzern (KKL)

Eröffnet 1998,
1 898 Sitzplätze im Konzertsaal

New York, Carnegie Hall

Eröffnet 1891, etwa 2 800 Sitzplätze im Issac Stern Auditorium

Paris, Philharmonie de Paris

Eröffnet 2015,
2 400 Sitzplätze im
Großen Saal Pierre Boulez

Santa Cruz de Tenerife, Auditorio de Tenerife

Eröffnet 2003,
1 658 Sitzplätze im großen Saal

Wien, Großer Musikvereinssaal

Eröffnet 1870,
etwa 1 700 Sitzplätze und
etwa 300 Stehplätze

„Max, hier ist ein Brief von Opa. Setz dich neben mich, dann können wir ihn gemeinsam lesen:

‚Liebe Lisa, lieber Max, es hat mir viel Spaß gemacht, gemeinsam mit euch so viele Musikerlebnisse zu teilen. Erst waren wir in der Kölner Philharmonie, anschließend in einer Probe dort, und zuletzt haben wir auch noch einen echten Komponisten getroffen. Ich fand es toll, dass ihr so begeistert wart. Deshalb möchte ich euch nun noch einmal einladen. Ich habe Karten besorgt für ein Konzert in Norddeutschland ... Na, habt ihr schon eine Idee? Wir fahren für ein Wochenende nach Hamburg und erleben ein Konzert in der Elbphilharmonie! Seid ihr einverstanden? Ganz liebe Grüße, euer Opa!‘“

Ein Konzert in diesem krassen Konzertsaal!? Das ist ja nicht zu glauben. Wirklich super! Wir fahren zur Elbphilharmonie! Opa ist der Beste!

Von Teufelsgeigern und anderen Virtuosen

Nun sind wir auch schon bald am Ende unserer Reise durch die klassische Musik. Aber schauen wir uns vorher noch ein paar berühmte Künstler an.

Zum Leben erweckt wird die Musik durch die Musiker, die sie aufführen. Ein Instrument gut zu spielen, ist nicht einfach. Meistens beginnen Musiker bereits als Kinder, also ungefähr in deinem Alter, ein Instrument zu erlernen. Irgendwann sind sie dann so begeistert, dass sie an einer Musikhochschule studieren, um Musiker zu werden. Musiker müssen diszipliniert üben, um ihr Instrument gut zu beherrschen. Aber sie werden auch reich belohnt. Sie sind ganz erfüllt von der Musik und begeistern damit ihre Zuhörer. Musiker, die ihr Instrument ganz besonders gut beherrschen, nennt man **Virtuosen.** Schon in vergangenen Zeiten gab es Musiker, die als Virtuosen bezeichnet wurden, so zum Beispiel der Geiger **Niccolò Paganini** und der Pianist **Franz Liszt.**

Wer war's?

Niccolò Paganini wurde 1782 in Genua geboren. Mit sieben Jahren begann er, Geige zu spielen. Schon früh unternahm er erste Konzertreisen. Sein Vater war streng und hielt ihn zum Üben an, oft bis zu zehn Stunden täglich. Paganini muss wirklich außergewöhnlich begabt gewesen sein. Das Publikum soll bei seinen Konzerten getobt haben, weil es so begeistert war. Viele Zuhörerinnen sollen sogar vor Begeisterung in Ohnmacht gefallen sein. Der Zulauf zu seinen Konzerten war so groß, dass er seine Konzerte wiederholen musste. In einigen Städten spielte er deshalb mehrmals hintereinander.
Das Publikum war bereit, extrem hohe Eintrittspreise dafür zu zahlen. Der Musiker bereiste ganz Europa.
Paganini starb 1840 in Nizza.

Wer war's?

Franz Liszt wurde 1811 im damaligen Ungarn geboren. Liszt besuchte 1831 ein Konzert von Paganini. Fasziniert von dessen Technik und Musikalität beschloss er, ein ebensolcher Virtuose auf dem Klavier zu werden. Er komponierte seine *Paganini-Etüden* für Klavier. Sie sind äußerst schwierig zu spielen. Die Hände müssen ständig ineinandergreifen. Die gesamte **Klaviatur,** also alle Tasten des Klaviers, wird ausgenutzt. Das Tempo ist atemberaubend. Das Publikum reagierte unglaublich begeistert. Vor allem Frauen schwärmten für den charmanten Virtuosen. Sie kreischten, jubelten und fielen zu Boden. Man sprach von **Lisztomanie.** Das bedeutete so viel wie *Verrücktheit nach Liszt.* Damit mehr Zuhörer seine Konzerte besuchen konnten, wurden nur noch Stehplätze angeboten. Es heißt sogar, dass manche Verehrerinnen versuchten, ihm eine Haarlocke abzuschneiden. Liszt war nicht nur Pianist, sondern auch Komponist und Dirigent. Er war befreundet mit **Richard Wagner** und verehrte dessen Musik. Liszt starb während der Wagnerfestspiele in Bayreuth 1886.
Nach ihm ist sogar eine **Affenart** benannt, der **Liszt-Affe.** Das Fell auf dem Köpfchen des Affen erinnert an die Haarpracht des großen Pianisten.

Liszt-Affe

Erfahre mehr

Geigenbau

Ein Musiker muss nicht nur gut spielen, er braucht auch ein sehr gutes Instrument. Gute Musikinstrumente sind sehr teuer, denn sie werden von Instrumentenbauern **in Handarbeit hergestellt.** Zum Teil benutzen Musiker ganz alte Instrumente, weil sie und das Publikum ihren Klang ganz besonders schätzen.
In Italien gab es in der Stadt Cremona schon im 17. und 18. Jahrhundert eine große Geigenbautradition.
Neben **Antonio Stradivari** baute auch **Giuseppe Guarneri** dort Streichinstrumente. Die Instrumente dieser Geigenbauer sind heute sehr viel wert.

Vielleicht ist dir aufgefallen, dass bisher in diesem Buch ausschließlich Männer als berühmte Musiker beschrieben wurden. Gab es denn nicht auch Musikerinnen?
Natürlich gab es auch Frauen, die komponierten oder hervorragend singen oder ein Instrument spielen konnten. Leider war es diesen Frauen nicht möglich, ihre Talente öffentlich zu zeigen. In den vergangenen Jahrhunderten wurde den Frauen nicht zugetraut, dass sie genauso talentiert sein könnten wie Männer. Man erwartete von ihnen Zurückhaltung und meinte, sie sollten sich um den Haushalt und die Kinder kümmern. Einige wenige Frauen hatten den Mut, diese Vorurteile gegenüber den Frauen zu überwinden. Eine davon war **Clara Schumann** geb. Wieck, die den Musiker Robert Schumann geheiratet hatte.

Clara Schumann ist auf einem 100-Mark-Schein abgebildet.

Wer war's?

Clara Schumann wurde 1819 in Leipzig geboren. Sie hieß vor ihrer Heirat **Clara Wieck.** Ihr Vater Friedrich Wieck war ein bedeutender Klavierlehrer. Schon früh, im Alter von fünf Jahren, erhielt sie Klavierunterricht von ihm. Er erkannte schnell ihr großes Talent und wollte aus ihr ein Wunderkind machen. Zusätzlich zum Schulunterricht übte sie viele Stunden täglich Klavier. Schon mit neun Jahren spielte sie im berühmten **Konzertsaal von Leipzig, dem Gewandhaus.** Danach reiste sie gemeinsam mit ihrem Vater durch ganz Europa und wurde immer berühmter. Auch **Paganini** und **Liszt** lernten sie kennen und waren sehr beeindruckt von ihrem Können.
Als sie elf Jahre alt war, kam ein neuer Klavierschüler ihres Vaters ins Haus, **Robert Schumann.** Obwohl Robert fast doppelt so alt war wie Clara, verliebten sich die beiden im Laufe der Zeit ineinander. 1840 heirateten sie gegen den Willen des Vaters Friedrich Wieck.
Robert und Clara gündeten eine große Familie mit acht Kindern. Robert komponierte und Clara kümmerte sich um den Haushalt und die Kinder. Aber das war ihr nicht genug. Sie brauchte die Musik und unternahm wieder zahlreiche Konzertreisen, auch um Geld zu verdienen. Denn Roberts Einkommen allein reichte nicht aus.
Leider wurde Robert Schumann sehr krank und starb, als Clara erst 36 Jahre alt war. Nun musste sie selbst für den Unterhalt der Familie sorgen. Sie gab viele Konzerte und unterrichtete. Außerdem gab sie viele Kompositionen ihres Mannes Robert heraus und spielte seine Werke in ihren Konzerten. Zusätzlich war sie auch Komponistin. Sie hat zahlreiche Werke für ihr Instrument, das Klavier, und ebenso Orchesterwerke und Lieder geschrieben.
Sie starb im Alter von 76 Jahren in Frankfurt am Main.

Das musst du wissen

Frauen hatten bis ins 20. Jahrhundert hinein nicht die gleichen Rechte wie Männer. Ein Beispiel dafür ist das Wahlrecht in Deutschland.
Frauen dürfen erst seit 1918, also seit etwas mehr als 100 Jahren, an politischen Wahlen teilnehmen.

Gewandhaus, Leipzig

Es muss wirklich cool sein, Musik nicht nur zu hören, sondern selbst zu spielen. Doch ein Instrument zu erlernen, ist wohl nicht so einfach. Und ganz alleine schafft man das nicht. Man braucht schon Unterricht. Mama hat erzählt, dass die Musikschule am nächsten Wochenende einen Tag der Offenen Tür veranstaltet. Da kann man alle möglichen Instrumente ausprobieren, die Lehrer kennenlernen und Fragen zu den Instrumenten stellen. Man kann sich sogar ein Instrument auswählen und nach den Ferien darin Unterricht nehmen. Einige Instrumente können zunächst auch ausgeliehen werden. Da gehen wir mal gucken.

Der Freund von Opa, der Schlagzeuger aus dem Orchester, meinte, man müsse schon viel üben. So ähnlich wie ein Sportler, der ja auch trainiert. Aber wenn man dann immer besser spielen kann, muss es super viel Spaß machen.

Max und ich möchten unbedingt ein Instrument erlernen. Dann spielen wir zusammen und geben irgendwann ein Überraschungskonzert für unsere Eltern und unseren Opa!

Mach's gut!

Deine Lisa

Stichwortverzeichnis

Übersetzung zu Seite 10:
Du bist mein, ich bin dein.
Dessen sollst du gewiss sein.
Du bist eingeschlossen in meinem Herzen.
Verloren ist das Schlüsselein:
Du musst immer drinnen sein (in meinem Herzen).

Weitere Leselauscher-Bände